BEI GRIN MACHT SICH IHR WISSEN BEZAHLT

- Wir veröffentlichen Ihre Hausarbeit, Bachelor- und Masterarbeit
- Ihr eigenes eBook und Buch - weltweit in allen wichtigen Shops
- Verdienen Sie an jedem Verkauf

Jetzt bei www.GRIN.com hochladen und kostenlos publizieren

Bibliografische Information der Deutschen Nationalbibliothek:

Die Deutsche Bibliothek verzeichnet diese Publikation in der Deutschen Nationalbibliografie; detaillierte bibliografische Daten sind im Internet über http://dnb.d-nb.de/ abrufbar.

Dieses Werk sowie alle darin enthaltenen einzelnen Beiträge und Abbildungen sind urheberrechtlich geschützt. Jede Verwertung, die nicht ausdrücklich vom Urheberrechtsschutz zugelassen ist, bedarf der vorherigen Zustimmung des Verlages. Das gilt insbesondere für Vervielfältigungen, Bearbeitungen, Übersetzungen, Mikroverfilmungen, Auswertungen durch Datenbanken und für die Einspeicherung und Verarbeitung in elektronische Systeme. Alle Rechte, auch die des auszugsweisen Nachdrucks, der fotomechanischen Wiedergabe (einschließlich Mikrokopie) sowie der Auswertung durch Datenbanken oder ähnliche Einrichtungen, vorbehalten.

Impressum:

Copyright © 2017 GRIN Verlag
Druck und Bindung: Books on Demand GmbH, Norderstedt Germany
ISBN: 9783668640276

Dieses Buch bei GRIN:

https://www.grin.com/document/412572

Teresa Wolf

"Eingesperrt und verrammelt". Das Lehrer-Schüler-Verhältnis unter Einfluss der Schulraumgestaltung

GRIN Verlag

GRIN - Your knowledge has value

Der GRIN Verlag publiziert seit 1998 wissenschaftliche Arbeiten von Studenten, Hochschullehrern und anderen Akademikern als eBook und gedrucktes Buch. Die Verlagswebsite www.grin.com ist die ideale Plattform zur Veröffentlichung von Hausarbeiten, Abschlussarbeiten, wissenschaftlichen Aufsätzen, Dissertationen und Fachbüchern.

Besuchen Sie uns im Internet:

http://www.grin.com/

http://www.facebook.com/grincom

http://www.twitter.com/grin_com

Goethe-Universität Frankfurt

FB 4: Erziehungswissenschaften – Institut für Pädagogik der Sekundarstufe

Seminar: BW-C/Sb2: Die Kunst des Liebens – Bildungstheoretische Zugänge zum Thema Liebe als lebensweltlichem Faktor des Lernens

SoSe 2017

Essay

„Eingesperrt und verrammelt" – Das Lehrer-Schüler-Verhältnis unter Einfluss der Schulraumgestaltung

Teresa Wolf

L3 Kunst/Biologie/Deutsch – 9. Fachsemester

Datum 25.08.2017

Erinnert man sich an seine Schulzeit zurück, denken die meisten Menschen wohl daran, dass sie nicht gerne zur Schule gegangen seien, dass sie Unnötiges auswendig lernen mussten, was die Lehrer vermutlich selbst nicht verstanden hatten, und dass man sich gegenseitig nicht gemocht habe. Dazu kommen die Erinnerungen an meist enge, stickige Klassenzimmer mit dumpfem Neonröhrenlicht und unbequemen Stühlen.

So oder so ähnlich lauten die durchschnittlichen Schilderungen (nach Hörensagen) von negativen Schulerfahrungen. Wenn Sie nun erwidern, dass Ihre Schulzeit doch gar nicht so schlimm war, kann ich nur gratulieren! Doch nichts desto trotz machen Schüler UND Lehrer[1] annähernd jeden Tag solche schlechten Erfahrungen. Hohe Lärmbelastung, ständige Bestrafungen inklusive Elternbriefen und -gesprächen, störende, verweigernde Schüler und schlecht gelaunte, unfaire Lehrer zählen zum Standardprogramm unter dem das Schulklima und ein positives Lehrer-Schüler-Verhältnis leidet. Denn heute ist man sich sicher, dass eine gute Beziehung zwischen Lehrern und Schülern die Grundlage für Motivation und Lernerfolg bildet (Vgl. Becker 2011, 85). Der folgende Ausschnitt eines Artikels der Website „news4teachers" untermauert diesen Ansatz:

> *„Studie: Eine gute Schüler-Lehrer-Beziehung ist die beste Gewaltprävention*
> *ZÜRICH. Ob sich Jugendliche sozial oder aggressiv verhalten, hängt wesentlich davon ab, wie gut die Beziehung zu ihrem Lehrer ist. Das konnten jetzt Forscher aus Zürich, Cambridge und Toronto nachweisen. Im Durchschnitt zeigten Schüler mit einer positiven Lehrer-Beziehung in einer Studie 18% mehr prosoziales Verhalten und bis zu 38% weniger aggressives Verhalten als Schüler, die ambivalent oder negativ ihrer Lehrperson gegenüberstanden."*
> (news4teachers. Das Bildungsmagazin: „Studie: Eine gute Schüler-Lehrer-Beziehung ist die beste Gewaltprävention". 14. August 2016).

Die Frage ist nun, wieso es so schwerfällt ein solches Verhältnis aufzubauen? Werden die Kinder von heute immer respektloser? Werden die Lehrer immer unfähiger? Oder passen beide einfach nicht mehr zueinander? Obwohl es mittlerweile eine so große Bandbreite an pädagogischen Möglichkeiten gibt?

Der folgende Ausschnitt eines Artikels der Süddeutschen Zeitung Online bringt einen ganz anderen Lösungsvorschlag ins Spiel, der nichts mit der pädagogischen Kompetenz der Lehrer oder der Erziehung der Schüler zu tun hat:

---

[1] Im Folgenden werden die Begriffe „Schüler" und „Lehrer" stellvertretend für „Schülerinnen und Schüler" und „Lehrerinnen und Lehrer" verwendet. Diese Abkürzung dient dem Lesefluss.

„In deutschen Klassenzimmern ist es viel zu laut. Darunter leiden Lehrer und die Leistungen der Schüler. [...] ‚Wenn es laut ist, denken viele Lehrer, man müsse den Lärm mit pädagogischen Methoden in den Griff bekommen', sagt Tiesler [...] ‚Aber das stimmt nicht. Man kann mit einfachen Mitteln die Akustik verbessern und so die Lautstärke deutlich reduzieren.'"

(Hubert Filser: „Wie bitte? Lärm in deutschen Klassenzimmern". Süddeutsche Zeitung Online. 19. Mai 2010).

Wenn der Bremer Ingenieur Gerhart Tiesler, der mit seinem Team den Lärm in deutschen Klassenzimmern untersucht hat, die Ursache für die Lärmbelastung in der Architektur sieht (Vgl. Filser 2010), könnte dort nicht auch die Lösung für ein besseres Lehrer-Schüler-Verhältnis und somit für besseren Unterricht zu finden sein? Die Frage ist dann:

Beeinflusst die Schulraumgestaltung das Lehrer-Schüler-Verhältnis?

Hierzu eine Anekdote, die Prof. Dr. Harry Harun Behr uns Studenten in seinem Seminar ‚Die Kunst des Liebens' schilderte. Er berichtete davon, dass er vor einigen Jahren mit der Geschwister-Scholl-Schule in Nürnberg zu tun gehabt habe, deren Schulbetrieb während einer langen Umbauphase in ein Versicherungsgebäude mit einem durch Glaswände unterteilten Großraumbüro ausgelagert wurde. Laut Herrn Behr seien innerhalb kurzer Zeit die Lärmbelastung, die Lehrerausfälle wegen Erkrankung und das Fehlverhalten der Schüler deutlich zurückgegangen. Man habe versucht die Umbaumaßnahmen des neuen Schulgebäudes an die Raumgestaltung des Großraumbüros anzugleichen, um so dessen positive Wirkung auf den Schulalltag zu übernehmen. Doch diese Gesuche haben laut Behr kein Gehör gefunden und so kehrten nach Bezug des neuen Schulgebäudes die Lärmbelastung, die Lehrerausfälle und die Schülerkriminalität schnell zurück.

Allein die Vorstellung von lichtdurchfluteten, offenen Räumen stimmt einen schon deutlich positiver als die Erinnerung an weiße Wände, dunkle Flure und geschlossene Türen. Es fällt nicht schwer nachzuvollziehen, dass die Räumlichkeiten von Bildungs- und Lerninstitutionen „eher in Anlehnung an die Baupläne für Gefängnisse [...] als nach denen für Lernräume für junge Menschen [konstruiert sind]." (Schurian 2006, S. 136). Allein die Anordnung der Räume links und rechts von einem Flur ausgehend spricht für dieses Argument (Vgl. ebd., S. 136f.).

„Aus der Art und Weise, wie sich ein Schulraum präsentiert, lässt sich laut Rehle ‚vieles ablesen, z.B. welches Verhalten von [den Schülern] erwartet wird, welches uner-

wünscht ist, welche Tätigkeiten Vorrang haben, wozu die Schule da ist und welche Ziele sie verfolgt'." (Dahlinger 2008, S. 39).

Folglich kann man interpretieren, dass Schule von vorneherein von dem Fehlverhalten ihrer ‚Insassen' ausgeht und dies in ihrer Architektur zeigt. Doch nicht nur die Strukturierung der Schulgebäude, auch die zumeist frontal ausgerichtete Sitzordnung (Vgl. Schurian 2006, S. 137) und der häufige Platzmangel innerhalb der Klassenzimmer ähnelt Gefängnissen. „Der Schwerpunkt liegt also auf der Verwahrung." (ebd., S. 136). Auch die allgemein bekannte Verhaltensregel, dass die Schüler den Lehrer um Erlaubnis bitten, um auf die Toilette gehen zu dürfen, dient zwar der Erziehung zu einem selbstregulierenden, rücksichtsvollen Verhalten innerhalb einer Gruppe, unterstreicht aber auch das Gefühl von Kontrolle durch den Lehrer. All diese Faktoren verursachen Enge in dem Sinne, „dass sich [die Schüler] unentwegt mit anderen auseinandersetzen müssen" (Dahlinger 2008, S. 67). Dies verlangt „viel Energie und Toleranz" (Forster zit. nach ebd., S. 67), was zu Stress und dadurch zu impulsivem und „aggressivem Sozialverhalten" (ebd., S. 66) führt.

Basierend auf Herrn Behrs Schilderungen stellt sich allerdings die Frage, ob die Beseitigung des „Gefühl des ‚Eingeschlossenseins'" (ebd., S. 57) durch die Glaswände zu den Verhaltensverbesserungen in der Geschwister-Scholl-Schule geführt hat, oder ob die mit dieser Transparenz verbundene dauerhafte Beobachtbarkeit, das sog. ‚public eye', d.h. eine Steigerung der Kontrolle, wirkend war? Da das Phänomen nicht näher untersucht worden ist, kann man nur Vermutungen aufstellen.

An dieser Stelle möchte ich von meinen Beobachtungen am Hyperion Lyceum in Amsterdam berichten. Diese Schule ist architektonisch konstruiert, wie jede andere, doch haben die Klassenräume neben den ‚normalen' Fenstern zusätzlich mehrere, kleinere Fenster in der Wand zum Gang. Die Türen fast aller Klassensäle standen während meines Besuchs offen, viele Schüler waren während des Unterrichts im Gebäude unterwegs und dennoch war es auffällig ruhig. Viele Lehrer berichteten davon, dass sie die Schüler häufig ihre Arbeitsplätze selbst aussuchen ließen, wofür im Schulgebäude verschiedene Arbeitsbereiche zur Verfügung standen. Dieser pädagogische Ansatz, nämlich den Schülern mehr Selbstverantwortung für ihr Lernen zu geben, ist im Schulprofil verankert: „Wir bieten Bildung in einer innovativen Art und Weise, die [von den Schülern fordert], selbstständig zu arbeiten und genau auf den Erwerb von Fähigkeiten wie kreatives Denken, Präsentation, Argumentation, IKT-Kompetenzen und Zusammenarbeit zu achten." (Schulprofil Hyperion Lyceum. https://translate.google.de/translate?hl=de&sl=nl&u

=http://www.hyperionlyceum.nl/&prev=search, 23.08.2017, 13:03). Auch wird das Motto vertreten: „relation befor education". Hierbei ist zu erwähnen, dass sehr viel Wert auf eine konstruktive Feedbackkultur auf Schüler- und Lehrerseite gelegt wird. Etwas, das mich persönlich zunächst verwunderte, ich dann aber als sehr angenehm empfand, war die Tatsache, dass sich Schüler und Lehrer mit Vornamen ansprachen und duzten. Auf Nachfrage erfuhr ich, dass dies in den Niederlanden wohl üblich sei. Mir fiel tatsächlich eine freundschaftliche, offene und enge Beziehung zwischen Lehrern und Schülern auf. Dennoch drängt sich mir die Frage auf:

Wie viel Nähe verträgt das Lehrer-Schüler-Verhältnis?

Mag sein, dass die Frage in diesem Zusammenhang nur aus unserem Kulturraum betrachtet aufkommt, da es in Deutschland absolut unüblich ist, dass sich Lehrer und Schüler duzten. Im Gegenteil, in der gymnasialen Oberstufe siezen viele Lehrer ihre Schüler. Natürlich wird den Schülern dadurch eine gewisse Ernsthaftigkeit vermittelt, doch vergrößert es auch die Distanz im Lehrer-Schüler-Verhältnis (Vgl. Becker 2011, S. 87). Umgekehrt kann man fragen, ob Nähe im Lehrer-Schüler-Verhältnis überhaupt notwendig ist?

„Für einen belebenden Unterricht und für die Stimulierung der Motivation ist eine Nähe zum Kind oder Jugendlichen erforderlich (Empathie), aber eine zu große Nähe ist eine Gefahr für die Beziehung. Deshalb muss auch eine Distanz gewahrt werden. Diesen Mittelwert auf der Nähe-Distanz-Skala hat der professionelle Pädagoge einzuhalten, damit die Entwicklung des jungen Menschen hinsichtlich seiner Selbststeuerung und Selbstverantwortung nicht gefährdet wird." (Gollnick 2013, S.129)

Also ja, die Nähe zwischen Lehrern und Schülern ist wichtig. Niemand wünscht sich einen diktatorischen Lehrer Lämpel, bei dessen Verhalten es nicht verwundert, warum Max und Moritz stets über Tische und Bänke gehen (Vgl. Busch 1865). Doch woran erkennt man, ob die Beziehung zu eng oder zu distanziert ist?

„Enge Beziehungen sind stark emotional getönt. Sie können Lehrer und Schüler gleichermaßen absorbieren, die Konzentrationsfähigkeit einschränken und den Blick auf die Lerninhalte verstellen. Gleiches gilt für die Beziehungslosigkeit, wenn ein Lehrer nur sein Fach unterrichtet – und nicht die ihm anvertrauten Schüler." (Becker 2011, S. 87)

In beiden Fällen spielt sich die Beziehung auf einer sehr persönlichen Ebene ab. Dies ist bei zu distanzierten Beziehungen zu erkennen, wenn Lehrer auch nach längerer Zeit die Namen ihrer Schüler nicht kennen, diese sich so nicht wahrgenommen fühlen, dadurch nicht motiviert sind und häufig den Unterricht stören (Vgl. Becker 2011, S. 87 und eigene Erfahrungen). Wenn der Lehrer dann „durch den Einsatz fragwürdiger Disziplinierungstechniken" (ebd., S. 90) versucht gegen die Störungen anzugehen, verschlechtert sich dieses „*Antipathiegefüge*" (ebd., S. 90) zunehmend. Zu enge Beziehungen zeigen sich häufig durch die Bevorzugung von Lieblingsschülern, das Lernen für den Lehrer und nicht für sich selbst, persönliche Treffen außerhalb der Schule (Vgl. ebd., S. 86ff.), aber meiner Meinung nach auch durch das Empfinden von Kränkung, wenn die Schüler den Unterricht stören bzw. der Lehrer eine schlechte Note gibt. An dieser Stelle ist zu erahnen, dass es bei einem zu engen Lehrer-Schüler-Verhältnis leicht zu Grenzüberschreitungen kommen kann. Seit einigen Jahren und einigen aufgedeckten Skandalen ist das Thema sexueller Missbrauch in Schulen viel beschrieben, untersucht und diskutiert. Die Novelle ‚Schweigeminute' von Siegfried Lenz erlaubt den Einblick in die Liebesgeschichte eines Schülers mit seiner Lehrerin (Vgl. Lenz 2008). Doch es gilt:

> *„Sexualisierende Körperkontakte und Gewalt sind daher schwere Grenzverletzungen und zerstören die pädagogische Beziehung. Sie sind auch dann abzulehnen, wenn sie scheinbar (!) vom Kind oder Jugendlichen nicht negativ beantwortet werden oder in scheinbarem (!) gegenseitigem Einvernehmen stattfinden."* (Gollnick 2013, S. 129).

Doch nicht nur ein zu enges Lehrer-Schüler-Verhältnis, sondern auch der lange und intensive Kontakt zwischen Schüler und Lehrern, bedingt durch die viele Zeit, die Kinder in der Schule verbringen, kann Risiken bieten. Durch die Umstrukturierung des Schulwesens, von drei- auf zweigliedrig, und der zunehmenden Verbreitung von Ganztagsschulen sehen viele Schüler ihre Lehrer fast häufiger als ihre eigenen Eltern. Auch die damit verbundene Vergrößerung und Unübersichtlichkeit der Systeme steigert die Gefahr von Grenzüberschreitung im Lehrer-Schüler-Verhältnis (Vgl. Gollnick 2013, S. 21). Hinzu kommt, dass der Lehrberuf zu den „*Berufsberührer*[n]" (Becker 2011, S. 89) zählt. D.h. „[i]n vielen Lehr-Lern-Situationen kommen Lehrer ihren Schülern sehr nahe." (ebd., S. 89). Dies kann nicht nur zu Missverständnissen, unrechten Anschuldigungen und Gerüchten führen. Der durch den häufigen Platzmangel und den Mangel an Rückzugsmöglichkeiten hervorgerufene Stress kann nicht nur auf Schülerseite zu „aggressivem Sozialverhalten" (ebd., S. 66) führen, sondern eben auch dazu, dass Lehrer zu Tätern werden können.

Wie kann aber das auffällig enge Lehrer-Schüler-Verhältnis am Hyperion Lyceum trotzdem funktionieren? Wie kann verhindert werden, dass ein so enges Verhältnis ins Negative kippt?

Die beiden oben beschriebene Beispiele liefern vielleicht eine Antwort, welche Rolle hierbei die Raumgestaltung spielen kann. In dem Fall der Geschwister-Scholl-Schule wurde durch die Glaswände des Großraumbüros, im Fall des Hyperion Lyceums durch die Fenster zum Gang, die geöffneten Türen und die mögliche Verteilung der Schüler im Schulgebäude, ein „Gefühl des ‚Eingeschlossenseins'" (Dahlinger 2008, S. 57) und der Enge verhindert. Beides sorgt für ein Gefühl von Weite und somit für Entspannung bei Platzmangel. Ich frage mich jedoch, da durch die hohe Transparenz, die kaum Rückzugsmöglichkeiten zulässt, ob dadurch nicht ein neuer Stress der ständigen Beobachtung entsteht. Im Hyperion Lyceum konnte man von außen durch die eingebauten Fenster in alle Klassensäle hineinsehen und durch die geöffneten Türen hineinhören. D.h. Lehrer und Schüler stehen ähnlich dem Fall der Geschwister-Scholl-Schule mit den Glaswänden unter ständiger Beobachtung von außen. Jedoch kam es mir nicht so vor, als ob diese Form von Kontrolle von den Lehrern und Schülern als negativ oder belastend aufgefasst wurde. Ich hatte selbst eher das Gefühl von einer Form der Transparenz, die man sich auch innerhalb eines guten Lehrer-Schüler-Verhältnisses (bspw. die Transparenz über die Leistungsbewertung) oder sonstigen sozialen Beziehungen wünscht. Möglicherweise ist man sich durch diese Transparenz einfach stärker dessen bewusst, dass man sich in der Schule in einem öffentlichen Raum bewegt, in dem man grundsätzlich von anderen beobachtet und beeinflusst wird, und der daher bestimmte Verhaltensweisen fordert (Vgl. Schurian 2006, S.116ff.). Diese veränderte Verhaltenssensibilisierung könnte der Grund für die Reduktion des Schülerfehlverhaltens in der Geschwister-Scholl-Schule, wie auch die Prävention für Grenzüberschreitungen im Lehrer-Schüler-Verhältnis im Hyperion Lyceum sein.

Wenn man sich nun überlegt, dass ein gutes Lehrer-Schüler-Verhältnis so wichtig für den Lernerfolg der Schüler ist, dass die richtige Nähe-Distanz-Balance so schwer zu finden ist, und dass immer die Gefahr von Grenzüberschreitungen besteht, stellt sich dann nicht die Frage, ob der räumliche Kontakt zwischen Lehrer und Schüler wirklich notwendig ist? Da in unserer heutigen Zeit Beziehungen sehr in die digitale Kommunikationswelt und die sozialen Netzwerke verschoben sind, ist denkbar, dass ein enges Lehrer-Schüler-Verhältnis auch über den digitalen Weg aufgebaut und gepflegt werden kann. Durch die räumliche Trennung wäre die Gefahr von Gewalttätigkeiten, wie sexuellem Missbrauch, reduziert.

Liegt die Zukunft im Digital Teaching?

Literatur

Becker, Georg E. (2011): Sexualität in der Schule. Sexuelle Freiheit und sexueller Missbrauch – ein schulpädagogisches Problem?. Brigg Pädagogik Verlag GmbH. Augsburg.

Busch, Wilhelm (1865): Max und Moritz. Erstveröffentlichung. Verlag Braun & Schneider. München.

Dahlinger, Sarah (2008): Der Raum als dritter Pädagoge. Examensarbeit. GRIN Verlag. Norderstedt.

Filser, Hubert (19. Mai 2010): Wie bitte? Lärm in deutschen Klassenzimmern. Süddeutsche Zeitung Online. http://www.sueddeutsche.de/wissen/laerm-in-deutschen-klassenzimmern-wie-bitte-1.910424 (21.08.2017, 13:49).

Gollnick, Rüdiger (2013): Sexuelle Grenzverletzungen im Lehrer-Schüler-Verhältnis an staatlichen Schulen. Fallbeispiele – Analysen – Strategien. In: Ulonska/Friedrich/Kruck-Homann (Hrsg.): Geschlecht – Gewalt – Gesellschaft. Band 8. Universität Münster. LIT Verlag. Berlin.

Hyperion Lyceum: Schulprofil. https://translate.google.de/translate?hl=de&sl=nl&u=http://www.hyperionlyceum.nl/&prev=search. (23.08.2017, 13:03).

Lenz, Siegfried (2008): Schweigeminute. Hoffmann und Campe. Hamburg.

news4teachers. Das Bildungsmagazin (14. August 2016): Studie: Eine gute Schüler-Lehrer-Beziehung ist die beste Gewaltprävention. http://www.news4teachers.de/2016/08/studie-eine-gute-schueler-lehrer-beziehung-ist-die-beste-gewaltpraevention/ (21.08.2017, 14:27).

Schurian, Walter (2006): Die Dritte Haut. Psychologie der Erfahrungen im Raum. Peter Lang GmbH. Frankfurt am Main.

BEI GRIN MACHT SICH IHR WISSEN BEZAHLT

- Wir veröffentlichen Ihre Hausarbeit, Bachelor- und Masterarbeit

- Ihr eigenes eBook und Buch - weltweit in allen wichtigen Shops

- Verdienen Sie an jedem Verkauf

Jetzt bei www.GRIN.com hochladen und kostenlos publizieren